Nés en
1979

Tous les souvenirs
de mon enfance
et de mon
adolescence

Le livre
de ma jeunesse
1979

à Marilù et Popeline

Les auteurs tiennent à remercier Isabelle Lerein, Christophe Salet, Mathilde Delattre-Josse et Jeanne Ollivier, sans lesquels cet ouvrage n'aurait pu voir le jour.

ISBN 978-2-7014-0026-6
Numéro d'éditeur : 1705

Conception graphique :
Mathilde Delattre-Josse
mathildedelattre@wanadoo.fr

Conception graphique de la couverture : Loïc Levêque

Achevé d'imprimer en Italie par Cooperativa Lavoratori Zanardi.
Dépôt légal : janvier 2019

Retrouvez-nous sur Internet : www.horscollection.fr
et www.facebook.com/HorsCollection

Hors Collection, un département d'Édi8

Nés en 1979

Tous les souvenirs de mon enfance et de mon adolescence

Le livre de ma jeunesse

1979

Armelle Leroy
et Laurent Chollet

HORS }{ COLLECTION

VOTRE PRÉPOSÉ EST HEUREUX DE VOUS OFFRIR CE CALENDRIER OLLER
JANVIER
FÉVRIER
MARS
AVRIL
MAI
JUIN
photo Méry - Vloo
almanach
P.T.T. 1979

JUILLET
AOUT
SEPTEMBRE
OCTOBRE
NOVEMBRE
DÉCEMBRE
212 fillette et chatons
photo Méry - Vloo
almanach
des P.T.T. 1979

SOMMAIRE

Les grands événements 1979

7 JANVIER :
Grâce à l'intervention du Vietnam, le Cambodge est libéré de la dictature de Pol Pot et des Khmers rouges. Près de deux millions de personnes ont été massacrées durant ce régime dictatorial.

1er FÉVRIER :
L'ayatollah Khomeiny rentre en Iran après quinze ans d'exil. Ce retour fait suite au départ du shah Pahlavi qui régnait sur le pays depuis 1941. La foule envahit les rues de Téhéran pour l'accueillir.

26 MARS :
Le traité de paix israélo-égyptien établi lors des accords de Camp David est signé entre les deux pays. Israël se retire de la péninsule du Sinaï et l'Égypte reconnaît l'État israélien.

27 MARS :
Au lendemain de la signature du traité de paix, un deuxième choc pétrolier s'amorce avec la chute du shah d'Iran et un contexte géopolitique particulièrement tendu.

28 MARS :
La fonte de l'un des réacteurs de la centrale de Three Miles Island, dans l'État de Pennsylvanie, entraîne une fuite radioactive. Ce grave accident est le plus sérieux de l'histoire du nucléaire aux États-Unis.

3 MAI :
Margaret Thatcher, à la tête du parti conservateur, devient Premier ministre du Royaume-Uni et la première femme de l'histoire à diriger le gouvernement britannique.

10 JUIN :
Les socialistes et les démocrates chrétiens remportent la première élection du parlement européen au suffrage universel direct. La française Simone Veil sera portée à la tête de l'institution.

16 JUILLET :
Saddam Hussein, âgé de 42 ans, devient président de la République en Irak et met rapidement en place un régime autoritaire et répressif. Sa prise du pouvoir s'accompagne de purges sanglantes.

18 AOÛT :
Le paquebot *France* quitte définitivement le Havre après avoir été racheté par un armateur norvégien qui le renomme *le Norway*.

20 SEPTEMBRE :
Pierre Goldman, militant d'extrême gauche emprisonné sept ans pour un braquage, est assassiné à bout portant en plein Paris, sur une place du XIIIe arrondissement.

10 OCTOBRE :
Le Canard enchaîné révèle que des diamants d'une valeur de un million de francs auraient été remis en 1973 à Valéry Giscard d'Estaing par le président de la République centrafricaine, Jean-Bedel Bokassa.

17 OCTOBRE :
Le prix Nobel de la paix est attribué à Mère Teresa. La religieuse originaire d'Albanie est récompensée pour son aide aux déshérités de Calcutta, en Inde, où elle a fondé la Société des missionnaires de la charité.

2 NOVEMBRE :
Jacques Mesrine, l'ennemi public numéro un, est abattu par la police Porte de Clignancourt, à Paris, alors qu'il était au volant de sa voiture. Plusieurs fois condamné par la justice, il s'était évadé de prison en 1978.

14 DÉCEMBRE :
L'OTAN décide d'engager des négociations pour obtenir le retrait des missiles SS-20 à moyenne portée que les Soviétiques ont installés en 1977 sur leur territoire. En cas de refus de négocier, des missiles de croisière et des fusées Pershing II seront déployés en Europe.

27 DÉCEMBRE :
L'Armée rouge envahit l'Afghanistan et affirme vouloir lutter contre la rébellion anticommuniste. Le président Hafizullah Amin est exécuté et remplacé par le pro-communiste Babrak Karmal (photo).

1979

Ils sont nés en…

16/01/1979
† 25/08/2001
AALIYAH
chanteuse américaine

04/02/1979
MAREVA GALANTER
chanteuse et animatrice de télévision française

21/02/1979
NATHALIE DECHY
joueuse de tennis française

12/03/1979
PETE DOHERTY
chanteur britannique

14/03/1979
NICOLAS ANELKA
footballeur français

30/03/1979
NORAH JONES
chanteuse américaine

03/04/1979
GRÉGOIRE
chanteur français

04/04/1979
† 22/01/2008
HEATH LEDGER
acteur australien

10/04/1979
SOPHIE ELLIS-BEXTOR
chanteuse britannique

25/05/1979
JONNY WILKINSON
joueur de rugby britannique

12/06/1979
DAMIEN TRAILLE
joueur de rugby français

12/06/1979
AMANDINE BOURGEOIS
chanteuse française

16/06/1979
EMMANUEL MOIRE
chanteur français

22/06/1979
THOMAS VOECKLER
cycliste français

03/07/1979
LUDIVINE SAGNIER
actrice française

05/07/1979
AMÉLIE MAURESMO
joueuse de tennis française

27/07/1979
SIDNEY GOVOU
footballeur français

20/08/1979
JAMIE CULLUM
jazzman britannique

08/09/1979
PINK
chanteuse américaine

11/09/1979
ÉRIC ABIDAL
footballeur français

19/09/1979
NOÉMIE LENOIR
top model et actrice française

11/10/1979
LARUSSO
chanteuse française

17/10/1979
KIMI RÄIKKÖNEN
coureur automobile finlandais

29/11/1979
GAME
rappeur américain

Et pour la première fois cette année-là...

Les Trans'

Les Rencontres Trans Musicales de Rennes connaissent leur première édition au mois de juin 1979.

Le Walkman

En juillet 1979, Sony commercialise un objet qui deviendra révolutionnaire : le TPS-L2, le premier Walkman.

McDonald's

En plein milieu d'un imbroglio judiciaire avec Raymond Dayan qui, depuis 1972, a lancé une douzaine de fast-food sous franchise McDonald's en France, l'enseigne américaine ouvre « officiellement » son premier restaurant hexagonal, à Strasbourg, le 17 septembre 1979.

La Dictée magique

La société Texas Instruments commercialise en 1979 ce jeu qui permit à de nombreux enfants d'apprendre à écrire correctement tout en s'amusant.

La fusée Ariane

Le 24 décembre, la fusée Ariane décolle et réussit sa première mission. Le programme Ariane avait été lancé en 1973.

Le Twix

La célèbre barre chocolatée sort aux États-Unis et sera commercialisée en France en 1979 sous le nom de Raider.

L'Adidas Top Ten

Adidas collabore avec les dix meilleurs joueurs de la NBA pour créer la très originale Top Ten Hi en 1979. Ces baskets sont devenues cultes dans le monde du hip-hop.

La vodka Absolut

La Suède exporte vers les États-Unis cet alcool blanc rebaptisé pour l'occasion Absolut Vodka. C'est la première vodka ne venant pas de Russie à rencontrer un franc succès à travers le monde.

Magazine *GEO*

Le magazine *GEO* paraît pour la première fois en France en mars 1979. Il s'agit de l'adaptation du magazine allemand du même nom, lancé en octobre 1976.

LA CHAMBRE D'UN ENFANT

Touche perso

Chaos généralisé ou ordre quasi militaire : en matière de rangement, chacun sa définition ! Et de préférence… chacun sa chambre !

Avec leurs airs de conspirateurs, ils semblaient préparer quelque chose… Et puis, un jour, les parents de Camille, Jeremy et Maxime leur ont annoncé la nouvelle : ils allaient déménager, quitter Paris et sa pollution pour s'installer en Normandie, à côté d'Évreux ! Mais sans pour autant tout abandonner. Chaque matin, la famille reprendrait la direction de la capitale : les parents pour aller travailler et les enfants pour rejoindre leur école. Il a fallu un peu de temps pour digérer ce changement mais, à présent, de nouvelles routines sont déjà en place. Ce qui est formidable, c'est que désormais chacun a sa chambre, au premier étage de la maison, avec de grandes fenêtres donnant sur le jardin. Camille a recouvert ses murs de posters de chevaux. Un épais fouillis s'entasse déjà sur son bureau et son armoire est un véritable capharnaüm ! Chez Jeremy, au contraire, tout est bien rangé : les livres s'alignent dans la bibliothèque, le couvre-lit en boutis blanc cassé ne fait pas un pli et, sur le secrétaire, aucun cahier ne dépasse. Quant à Maxime, qui adore jouer au savant fou, il s'est aménagé un coin laboratoire, avec éprouvettes et microscope… Le week-end, c'est génial d'être au vert, mais la semaine, avec les embouteillages, on reste coincé sur le périphérique pendant des heures. Pourtant maman a déclaré que le bon air de la campagne valait bien ce sacrifice. Surtout, a ajouté papa, qu'il faut se remettre des trois heures journalières passées à respirer les gaz d'échappement !

MES HÉROS

Mickey, Barbie, Musclor ou Lucky Luke : pour vivre au plus près de ses héros, rien de mieux que de dormir à leur côté. Les fabricants de linge de lit l'ont bien compris…

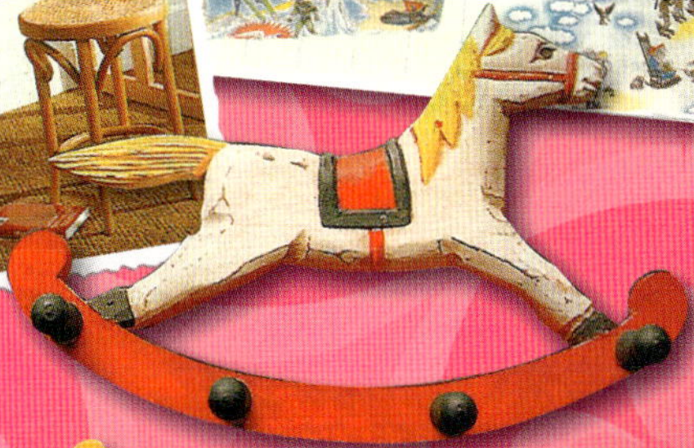

Caisse de résonance

Au fil des ans, les chambres deviennent le théâtre des passions adolescentes et se transforment en salle de jeux, studio d'enregistrement ou lieu de culte dédié aux icônes pop.

Aurélie regarde fièrement autour d'elle : tout est en place, les filles peuvent arriver. Les filles, ce sont Marie, Laetitia, Élodie et Céline, ses meilleures amies. Ces cinq-là sont inséparables… Comme les Spice Girls, dont les posters ornent les murs de la chambre d'Aurélie ! Aujourd'hui est un grand jour : les adolescentes se réunissent pour mettre au point une nouvelle chorégraphie sur la chanson « Wannabe », qu'elles présenteront à la fête de l'école. À peine arrivée, Laetitia se jette sur le lit et s'installe confortablement. « Quelle chance tu as d'avoir un lit double ! Moi, mes parents ne veulent pas », soupire-t-elle. « Oui, le lit, c'est cool, mais la housse de couette est trop ringarde, critique Élodie. Le tissu avec des bouquets de fleurs, ça ne se fait plus depuis vingt ans ! » Furieuse, Aurélie foudroie son amie du regard. Celle-ci a adopté la même pose que Kate Moss,

LA CHAMBRE D'UN ADO

le top model dont les photos entourent un grand miroir. « Arrête d'essayer d'imiter Kate Moss. Tu as quinze kilos de trop », lui lance-t-elle. Les filles sont prêtes à se battre, mais Marie calme tout le monde en mettant en marche le lecteur de CD qui trône au milieu du bureau. Aussitôt, les cinq Spice Girls en herbe se mettent à se trémousser. « Arrêtez immédiatement votre musique horrible ! hurle Nicolas, le frère d'Aurélie, en faisant irruption parmi elles. Je n'arrive même plus à jouer de la batterie dans ma chambre. » L'intrus est aussitôt repoussé à grands coups de coussins au seuil de la pièce, et la porte lui claque violemment au nez.

LECTEUR CD-K7

Véritable extension du bras de l'adolescent, le lecteur CD-K7 portable le suit dans tous ses déplacements. À plein volume.

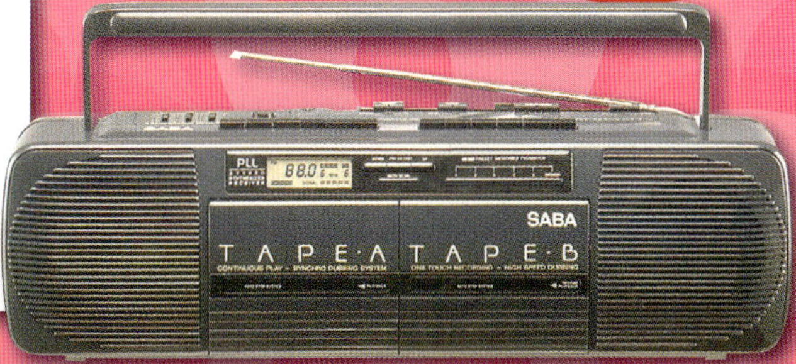

LA CLASSE D'UN ENFANT

L'école, c'est la course

Chaque matin, c'est la même chose : se lever tôt, courir à l'école, rester éveillé en cours… Heureusement, il y a aussi la cantine. C'est pas bon mais on y rigole bien !

Oh ! là là, les jours d'école, quelle galère ! Dès le matin, on doit se dépêcher car tout le monde a besoin de la salle de bains en même temps. Ensuite, il faut prendre le petit déjeuner, alors qu'on n'a jamais faim à cette heure-là ! Mais les mères de famille affirment que « c'est le repas le plus important de la journée », faisant écho aux instituteurs et aux institutrices. Enfin, il y a les faux départs, les affaires oubliées, les clés retrouvées, les embouteillages devant la grille de l'école… Même pas le temps de profiter des copains : la sonnerie retentit et il faut déjà entrer en classe. Et puis le matin, on est trop fatigué : la veille, on a regardé la télé très tard. Comment suivre la leçon de maths ? Comment se rappeler l'autodictée ? Heureusement, l'après-midi est plus cool, avec les cours de gym et de sciences naturelles. Mais entre les deux, il y a la cantine ! Les grands du collège ont bien de la chance : ils ont un self-service. Nous, on doit subir les haricots verts, les betteraves rouges, les viandes bleues ! En réalité, elles ne sont pas vraiment bleues : c'est Kevin qui dit ça… Et puis, à la cantine, il y a les jours de panique, quand on sert des côtes de porc. Momo, il n'en mange pas, Sarah non plus, et Aurélien il n'aime pas ça. D'ailleurs, Aurélien, il n'aime rien. Il a des allergies, des incompatibilités, des aigreurs… L'année prochaine, il ne viendra plus à la cantine et c'est tant mieux parce qu'il écœure tout le monde avec ses haut-le-cœur. Et tant pis pour lui, car la cantine, c'est génial… même si c'est dégueu, surtout la viande bleue !

Vous aussi, lorsque vous étiez enfant, vous avez eu cette impression étrange d'être suivi par un cahier de vacances dans tous vos déplacements estivaux ?

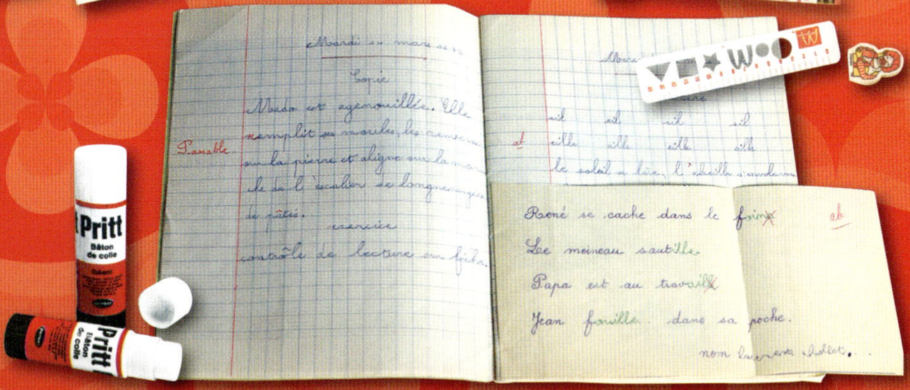

Le cartable assume son statut d'accessoire de mode et trouve naturellement sa place dans les pages « tendances » des magazines lors de chaque rentrée scolaire.

La cour des grands

Pas toujours facile de gérer le passage du collège au lycée, quand on dégringole du statut de « grand » à celui du petit nouveau qui se cherche des repères...

« Les élèves de troisième, rassemblez-vous ! » Il faut un bon quart d'heure pour regrouper tout le monde, et encore un pour obtenir le silence. Digne et hautain, le proviseur attend la fin des bousculades. « Cet après-midi, vous allez visiter le lycée auquel votre collège est rattaché. Ainsi, vous pourrez imaginer votre vie de futurs lycéens. Enfin, celles et ceux d'entre vous qui arriveront à franchir le cap de la troisième ! » Sur ce, il tourne les talons et va s'enfermer dans son bureau, sous les hurlements des élèves. Monsieur Duroc et Madame Pétrus, les professeurs de sport et d'anglais, sont chargés d'accompagner les collégiens. Le lycée se trouve à deux rues à peine et pourtant, quel changement d'ambiance ! Ici, pas de bâtiment vétuste ni de cour de récréation dépavée : l'édifice est

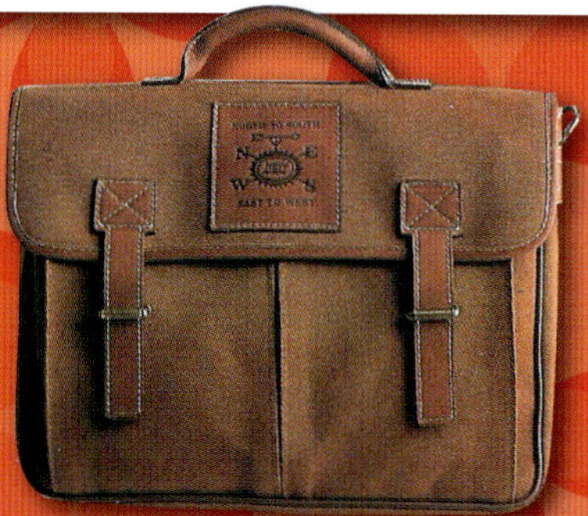

LA CLASSE D'UN ADO

Chevignon, Chipie, Rip Curl… Les marques ont pris une telle importance auprès des ados qu'elles se lancent même dans la papeterie scolaire !

flambant neuf. Avec son audacieuse structure métallique, il paraît presque avant-gardiste. À l'intérieur, l'architecte a osé allier l'acier, le bois et le verre. L'escalier central semble aérien et une galerie ouverte court le long du premier étage. Monsieur Duroc tente d'apercevoir le stade ultramoderne tandis que Madame Pétrus se précipite vers les laboratoires de langues. Impossible de perdre son chemin : ici, tout est fléché ! Lorsque la sonnerie retentit et que les élèves se précipitent hors des salles, les visiteurs s'immobilisent, pétrifiés d'appréhension. Jusqu'ici, ils régnaient en maîtres dans leur collège, méprisant les 6e, bousculant les 5e et embêtant les 4e. Mais l'année prochaine, ce seront eux les plus jeunes, et ils devront se plier à d'autres règles !

LES JOUETS DES FILLES

La course aux cadeaux

Chaque année, c'est la même chose : les retardataires remuent ciel et terre pour trouver le dernier modèle Barbie, forcément en rupture de stock…

C'est terrible ! Sans qu'on s'en soit rendu compte, il ne reste plus que cinq jours avant Noël et rien n'est acheté. Que fallait-il déjà ? Ah ! oui : une Barbie « Superstar » et une poupée Corolle. Dans le magasin, ces dernières tendent les bras aux clients. Mais juste à côté, occupant tout un mur, Barbie et ses amis semblent monter la garde. Jeux de société, coffrets de perles, une gamme entière de Polly Pocket… quel choix ! Pas le temps de flâner, c'est bientôt l'heure de retourner au travail. Voilà déjà Marie Corolle, avec ses cheveux blonds retenus par un gros nœud rose et sa robe assortie. À présent, au tour de Barbie « Superstar »… Comment ça, il n'y en a plus ? Oh ! non ! C'est parti pour une véritable course contre la montre… J–4 : plus de Barbie « Superstar » dans les catalogues de vente par correspondance. Même réponse dans les magasins de la ville ! J–3 : tournée des grandes surfaces avec des milliers d'autres parents, tous à la recherche de la Barbie « Superstar » et… tous bredouilles ! J–2 : on téléphone à tous les membres de la famille, dans le Nord, dans le Sud, dans l'Est et dans l'Ouest. Peu à peu, l'évidence s'impose : il n'y a plus de Barbie « Superstar » en France ! J–1 : la mort dans l'âme, on achète la Barbie « Holiday » – très chère, vraiment très chère – ainsi que trois jeux de société, un poupon Corolle pour équilibrer, des habits de Barbie, des vêtements Corolle (toujours pour compenser)… Le jour J : « Oh ! la Barbie de mes rêves ! Elle est bien plus belle que la "Superstar" ! » Même pas dégoûtée, juste soulagée. Heureusement, le prochain Noël est dans un an…

LA FAMILLE DOUCŒUR

Houra ! Barbie et Ken ont de nouveaux amis, la « Famille Doucœur » : papa, maman, bébé fille et bébé garçon. Ils n'ont pas de maison, mais de très jolis habits et une nursery de compétition.

vu à la T.V.

159F

E

Maman et bébé (fille). Personnages articulés, mêmes caractéristiques.
80.1763
159,00 F

D

159F

F 235F

Nursery. Pour la toilette des bébés, un ensemble comprend : 1 berceau bordé de dentelle qui se transforme en baignoire, 1 chaise de bébé et de nombreux accessoires (biberon, hochet...). Hauteur du berceau : 22 cm.
801.1771 .... 235,00 F

la Famille Doucœur

Indémodable Far West !

Les vaisseaux spatiaux et autres bolides motorisés n'y changeront rien : rien n'enflamme plus l'imaginaire des garçons qu'un cow-boy chevauchant dans la plaine…

Le héros préféré de Fabrice, c'est Lucky Luke. Alors, pour Noël, il a demandé des Playmobil de la collection Far West : le train avec des cow-boys et des Mexicains. Le Fort Starlux de son papa, récupéré chez les grands-parents, est venu compléter cet ensemble. Pour son anniversaire, tonton Laurent lui a offert des soldats de la cavalerie américaine. Le plus beau des cow-boys a un cheval blanc, comme Jolly Jumper : voilà donc Lucky Luke ! En fouillant dans son placard, Fabrice trouve une figurine de chien : ce sera Rantanplan. Il a demandé à Hervé d'amener ses propres Playmobil, surtout des chevaux : après les pertes subies lors de la dernière bataille, la cavalerie en manque cruellement. Justement, Hervé est enfin arrivé : « Vite, sors tes jouets ! » Le garçon brandit dix chevaux empanachés de plumes

Pour passer du petit écran au coffre à jouets, les héros des dessins animés n'ont même pas à utiliser leur super-pouvoir : il leur suffit de s'inscrire sur la liste du Père Noël.

LES JOUETS DES GARÇONS

blanches. « Mais ce sont des chevaux de cirque ! » s'exclame Fabrice indigné. Son ami ne se laisse pas émouvoir : « Ben oui, pour Noël, j'ai eu le chapiteau et presque tous les numéros du cirque. C'est super, non ? — Super, tu parles ! Qu'est-ce que tu veux qu'on en fasse, de ces horribles chevaux ? Ah ! j'ai une idée : on va leur couper les plumes. — T'es pas fou, non ? — Bon, d'accord, on fera semblant... En attendant, on va arranger le fort. » Fabrice se penche sur les bâtiments en bois et pousse un hurlement : au milieu se trouve la femme de ménage Playmobil en train de passer l'aspirateur. Hervé éclate de rire. « C'est encore un coup de ma sœur ! s'étrangle Fabrice. Et toi, tu es aussi bête qu'elle, je ne jouerai plus jamais avec toi. »

LES LOISIRS DES ADOS

Vivre sans temps mort

Qu'ils fassent des acrobaties sur leur BMX ou parcourent le Royaume Champignon dans la peau de Super Mario, les ados des années 1990 veulent que ça bouge !

Sonic, le hérisson bleu devenu la mascotte de Sega, apparaît en 1991 pour concurrencer le célèbre plombier Mario de Nintendo.

Ringarde, la « mob » ? Force est de constater que les jeunes des années 1990 possèdent moins de mobylettes que leurs aînés. Les craintes des parents, alimentées par les campagnes de la Prévention routière, ne sont pas complètement étrangères à cette baisse de popularité… Le goût du risque et de la vitesse trouve toutefois d'autres exutoires, comme le BMX, qui passionne les garçons. Importé des États-Unis à la fin des années 1970, ce sport acrobatique compte déjà 15 000 licenciés dans l'Hexagone en 1988. Son succès lui permet de sortir rapidement des circuits sur lesquels il se pratique habituellement, et de partir à la conquête de l'espace urbain. Le coût d'équipement restant élevé, de nombreux jeunes se tournent vers les rollers, plus abordables, ou le skateboard, qui bénéficie toujours de l'aura cool de ses origines californiennes. Lorsqu'ils ne sont pas montés sur roulettes, les jeunes se replient dans leur chambre pour regarder la télévision ou, mieux encore, s'adonner aux jeux vidéo. Après plusieurs mois de harcèlement, ils sont parvenus à se faire offrir la console NES de Nintendo, sur laquelle ils jouent à *Super Mario Bros*, ou la Genesis de Sega, avec sa mascotte Sonic. La Playstation de Sony ne fait son apparition qu'en 1995. En 1990, la Game Boy de Gunpeï Yokoi débarque en Europe : avec son prix relativement peu élevé (590 francs), cette console de poche qui fonctionne avec des jeux sous forme de cartouche part comme des petits pains. D'autant qu'elle est vendue avec un jeu qui ne tardera pas à devenir culte : *Tetris* !

Le scoutisme conserve son pouvoir d'attraction auprès d'une certaine jeunesse. En 1991, 18 000 personnes convergent vers Jambville, en Île-de-France, pour participer au jamboree national organisé par les Scouts de France.

RDV AU FAST-FOOD

À présent que les jeux vidéo ont supplanté le baby foot et le flipper, les ados désertent les cafés et préfèrent se retrouver au fast-food le plus proche. Ici, un Quick parisien en 1993.

LA MODE DES ENFANTS

La plus belle pour aller... goûter !

Une invitation à un goûter d'anniversaire et voilà la garde-robe mise sens dessus dessous. « Maman, pourquoi j'ai rien à me mettre ? »

Ce mercredi après-midi, Camille organise un goûter pour fêter ses 8 ans. Malheureusement, mon frère aussi est invité ! On a commencé par se disputer pour choisir le cadeau : moi je voulais lui offrir une Barbie et mon frère, un tee-shirt avec une voiture dessus. Trop nul pour une fille ! Finalement, maman a mis tout le monde d'accord en achetant... un tee-shirt Barbie ! On a failli arriver en retard, car je ne savais pas comment m'habiller : ma jupe bleue turquoise « qui tourne » ? Une chemise brodée en coton indien ? Mon jean neuf et mon chemisier Jacadi ? J'ai finalement choisi ma robe rose avec un volant. Maman s'est énervée, en disant que c'était ridicule de porter une robe d'été le 23 mars, mais j'ai fait un tel caprice qu'elle a dû céder. Mon frère, bien sûr, n'avait fait aucun effort : il portait son vieux jogging gris avec des taches aux genoux. Quand je suis arrivée chez Camille, elle m'a regardée avec étonnement. Elle devait être jalouse, car elle n'avait enfilé qu'un jean et des baskets. Toutes les copines étaient là. Aucune n'avait mis de robe, certaines portaient même un survêtement. J'ai tourné sur moi-même et la jupe a volé. J'étais très fière ! « Fais pas ta crâneuse, m'a dit Aurélie. Ta robe, elle ne va pas être pratique pour aller goûter près de la rivière. » Je l'ai regardée avec des yeux ronds. J'avais mal lu l'invitation : on devait se rendre dans le bois pour observer les premiers têtards et cueillir des violettes. Je me suis mise à pleurer, mais la maman de Camille m'a prêté un jogging – un vieux avec des taches aux genoux !

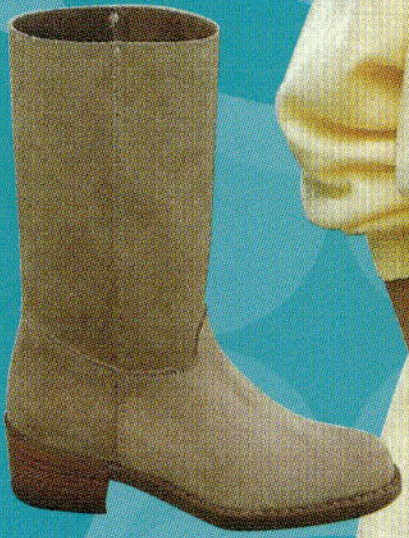

AU TOP !

Leggings, fuseau, gilet « oversize », sac à dos fluo… La mode, c'est bien trop important pour qu'on laisse ça aux grands !

Roméo et Juliette au lycée

Mini ou maxi, peu importe tant que la jupe ne fait pas dans la demi-mesure...

L'adolescence, c'est aussi l'âge où les divergences dans les goûts vestimentaires suffisent à rendre toute histoire d'amour impossible. Ou presque…

Depuis quinze jours, Kevin n'a qu'une idée en tête : se retrouver avec Myriam à l'abri des regards. Myriam, elle est magnifique avec ses grands yeux noirs, ses longs cheveux bouclés, son pantalon baggy qu'elle porte sur les hanches, laissant entr'apercevoir un minuscule string. La première fois qu'elle a enlevé son gros sweat-shirt UCLA à capuche, Kevin a failli s'étrangler en découvrant un éclair de chair dorée traversée par une flèche de dentelle. Elle portait une brassière de sport qui s'arrêtait au-dessus de son nombril décoré d'un piercing. En voyant la tête du garçon, elle a éclaté de rire : « T'es aussi rouge que ton tee-shirt ! Remets-toi… » Kevin, des tee-shirts, il en a de toutes les couleurs, avec des logos, des dessins et des photos. Tous font référence à sa passion : la musique techno. Et c'est bien là le problème car Myriam, elle, c'est une rappeuse. Avec ses potes, ils rappent partout : dans la cour du lycée, au square, dans la

LA MODE DES ADOS

MODE ET MAG

Jadis cantonnée à quelques colonnes dans les magazines musicaux, la mode des ados dispose à présent de ses propres magazines, à l'instar de *Jeune et Jolie* ou *20 ans*.

C'est l'attribut indispensable du « bad boy » : le blouson « bomber » et ses innombrables copies s'imposent dans les cours de lycée au début des années 1990.

cave de leur immeuble. Tous portent le même uniforme : jogging, survêt, baggy et Nike aux pieds. Et si la jeune fille a craqué pour les yeux bleus de Kevin, elle n'ose pas s'afficher avec lui : la techno, ça craint tellement ! Dans la cour, ils se lancent parfois des regards furtifs, mais chacun reste dans sa tribu. D'ailleurs, la cour est trop petite pour isoler les fans de rap, de techno, de hard-rock – minijupes, jeans serrés et blousons de cuir, le tout en noir –, les skateurs et leurs vêtements amples, les graffeurs et leurs tee-shirts, et enfin les plus cool, habillés à la mode californienne : les surfeurs.

CONFISERIES ET BOISSONS

J'peux pas j'suis au régime

Difficile, quand on est ado, de concilier sa passion pour les friandises et son désir de ressembler aux mannequins des magazines…

Quand Émilie est au régime, c'est la panique dans la maison. C'est elle qui fixe les menus et maman cède ! Le soir, c'est haricots verts et viande grillée ! Sans ketchup, sinon elle pique une crise. « Tu veux perdre un os ? lui lance papa en ricanant. Ah ! ces gamines de 16 ans… » Alors « la gamine » se lève en hurlant : « C'est toujours pareil ! Je suis énorme et tout le monde s'en moque. » Nous, on est ravis quand Émilie est au régime. On se goinfre de Twix, de Mars, de KitKat, de Smarties… Il en reste deux fois

plus pour nous. Mais quand elle arrête, alors fini les fraises Tagada, les Carambar et les Malabar : elle mange pour quatre ! On a beau planquer les sachets sous notre lit, elle les trouve toujours. Quant au Coca-Cola ou au Pepsi, elle le boit à même la bouteille, c'est dégoûtant. « Si vous n'êtes pas contents, n'en prenez pas. Moi, ça ne m'écœure pas : ce sont mes microbes ! » Alors, plus de soda… en attendant son prochain régime. Le problème, c'est qu'on ne peut plus aller au McDo, ni au Quick, ni au resto ! Quand on projette de s'y rendre, elle se scandalise : « Vous savez que j'adore ça ! Tout le monde m'empêche de maigrir. Bande d'égoïstes ! » Alors, maman la console et on mange du jambon maigre et de la salade. Parfois, quand on en a vraiment marre, on fait exprès de laisser traîner des bonbons partout : sur son lit, dans la salle de bains, même dans les toilettes ! Puis on la guette et dès qu'elle en avale un, on s'écrie : « Elle mange des bonbons ! Elle n'est plus au régime ! Vite, au McDo ! »

Un bon moyen d'obtenir l'attention des petits gourmands : donner la parole à leurs héros préférés.

LES JEUX OLYMPIQUES

Ci-dessus : l'Italien Alberto Tomba, médaillé d'or et d'argent à Albertville, comme à Calgary quatre ans plus tôt. Ci-contre : la Française Surya Bonaly.

Après avoir décroché l'or en ski de bosses à Albertville, le Français Edgar Grospiron doit se contenter du bronze quatre ans plus tard à Lillehammer.

Les jeux d'hiver...

Calgary (1988), Albertville (1992), Lillehammer (1994)

À Calgary, au Canada, le Français Franck Piccard remporte une médaille d'or en super-géant et une de bronze en descente. Ce seront les deux seules récompenses tricolores. La patineuse allemande Katarina Witt monte sur la plus haute marche du podium et le Finlandais Matti Nykänen la gravit trois fois grâce à ses sauts à ski. En 1992, c'est la France qui accueille les JO. Si l'Hexagone peut s'enorgueillir de la cérémonie d'ouverture, les performances de ses athlètes restent limitées : sur les neuf médailles remportées, seulement trois sont en or, dont celle d'Edgar Grospiron dans la nouvelle épreuve du saut de bosse. Désormais, les jeux d'été et d'hiver auront lieu en alternance. Conséquence : ceux de Lillehammer se tiennent seulement deux ans après ceux d'Albertville. Le Norvégien Johann Koss décroche trois médailles d'or en patinage de vitesse, en battant chaque fois le record du monde. La skieuse de fond italienne Manuela Di Centa remporte pour sa part cinq récompenses pour cinq épreuves disputées !

Les jeux d'été...

Séoul (1988), Barcelone (1992), Atlanta (1996)

En 1988, le continent asiatique accueille pour la deuxième fois les jeux Olympiques. À Séoul, en Corée du Sud, les athlètes soviétiques dominent la compétition. Les Français doivent se contenter d'un palmarès modeste : 16 médailles, dont 6 en or. Tous les yeux sont braqués sur le duel qui oppose l'Américain Carl Lewis au Canadien Ben Johnson. Ce dernier triomphe mais, accusé de dopage, il doit rendre sa médaille quelques jours plus tard. En 1992, les Jeux ont lieu en Espagne. Le gymnaste biélorusse Vitaly Scherbo remporte 6 médailles d'or et l'équipe américaine de basket-ball, surnommée la Dream Team, déchaîne l'enthousiasme. Les Français repartent avec 29 médailles et le souvenir de la magnifique performance de Marie-José Pérec lors du 400 m. Quatre ans plus tard, à Atlanta, la « Gazelle » gagne la récompense suprême au 200 m et bat le record olympique au 400 m ! L'Américain Michael Johnson réalise lui aussi un doublé sur le 200 et le 400 m, tandis que Carl Lewis obtient pour la quatrième fois une médaille d'or au saut en longueur.

Ci-dessus : l'Américain Carl Lewis à Séoul, d'où il revient avec deux médailles d'or et une d'argent. Ci-contre : à Atlanta, la Française Jeannie Longo décroche l'or à la course en ligne et l'argent au contre-la-montre.

Lors des JO d'Atlanta, la nageuse américaine Amy Van Dyken (ici au centre, sur le podium du 100 m papillon) décroche quatre médailles d'or.

Coupe du monde de 1986

Le gardien de but allemand Toni Schumacher, considéré comme l'un des meilleurs de sa génération, participe en 1986 à sa dernière Coupe du monde.

Mexique

À peine un an après avoir subi un terrible tremblement de terre, le pays organise la Coupe du monde. Les Bleus figurent parmi les favoris et comptent bien prendre leur revanche. Mais une fois encore, ils doivent s'incliner face à l'Allemagne de l'Ouest, qui ne brille pourtant pas par ses performances. Diego Maradona, qui a dominé toute la compétition, mène l'Argentine à la victoire.

Coupe du monde de 1990

Italie

L'Italie est chargée d'accueillir la Coupe du monde de 1986. Dans l'équipe française, l'émergence de nouveaux talents comme Jean-Pierre Papin (meilleur buteur de la Coupe des champions de l'année) ou encore le charismatique Éric Cantona n'empêche pas un cuisant échec : les Bleus n'arrivent pas à se qualifier ! Les Italiens sont eux-mêmes éliminés en demi-finale. La RFA gagne par 1-0 face à l'Argentine et la star du ballon rond Diego Maradona a du mal à assumer la défaite de son équipe.

Le joueur allemand Andreas Brehme est félicité par ses coéquipiers après avoir marqué le penalty qui offre la victoire à la RFA sur l'Argentine, en finale de la Coupe du monde de 1990.

1992

En 1992, le football est en deuil. Lors de la demi-finale de la Coupe de France opposant l'OM au SC Bastia, une tribune provisoire du stade de Furiani s'effondre. Le bilan est terrible : 18 morts et 2 300 blessés.

Coupe du monde de 1994

États-Unis

Une fois de plus, en 1994, Jean-Pierre Papin est sacré champion d'Italie. Pourtant, les Bleus ne peuvent se qualifier pour la Coupe du monde. C'est également le cas d'autres équipes prestigieuses comme celles d'Angleterre, du Portugal ou du Danemark. Le Nigéria se distingue lors de la compétition, de même que la Bulgarie qui ne s'incline qu'en demi-finale. La finale oppose l'Italie au Brésil. Aucune des deux équipes ne marque, ni pendant le match, ni pendant les prolongations. Il faut attendre les tirs au but pour que le Brésil soit déclaré champion du monde en gagnant par 3 buts à 2.

Le défenseur brésilien Marcos Evangelista de Moraes, dit Cafu, brandit le trophée de la Coupe du monde de 1994 après la victoire de la Seleçao sur l'Italie.

LE SPORT AUTO ET LE CYCLISME

Ci-dessus : le pilote brésilien Ayrton Senna, le 1er mai 1994, au départ du Grand Prix de San Marino, au cours duquel il trouvera la mort.
Ci-dessous : en 1993, Alain Prost décroche son quatrième et dernier prix de champion du monde.

Le sport automobile

Le Paris-Dakar est en deuil, Porsche domine les 24 Heures du Mans, Prost et Senna se livrent une lutte fratricide sur les circuits de Formule 1…

L'année 1986 est endeuillée par la mort de Thierry Sabine et de Daniel Balavoine dans un accident d'hélicoptère lors des repérages du Paris-Dakar. Cette même année, l'Autrichien Jo Gartner trouve lui aussi la mort sur le circuit des 24 Heures du Mans. Porsche, qui domine cette compétition depuis 1981, remporte en 1987 sa septième victoire consécutive. La célèbre écurie ne triomphera à nouveau qu'en 1996. En Formule 1, Alain Prost et Ayrton Senna se livrent une guerre sans merci sur presque tous les circuits internationaux. En 1993, après avoir remporté pour la quatrième fois le titre de champion du monde des constructeurs, le Français décide de se retirer. Ayrton Senna lutte désormais contre l'Allemand Michael Schumacher. Hélas pas pour longtemps, puisqu'il meurt dans un accident sur le circuit d'Imola, en 1994. Schumacher est sacré champion du monde, un exploit qu'il renouvelle en 1995.

Victime d'un accident de chasse en 1987, l'Américain Greg LeMond est absent du Tour pendant deux ans. Une parenthèse entre deux victoires…

En 1986, pour la première fois dans l'histoire du Tour, un Américain, Greg LeMond, coiffe au poteau tous les coureurs. Même « le Blaireau » Bernard Hinault, avec ses cinq victoires, ne peut rien faire contre lui. LeMond triomphe à nouveau en 1989, en devançant son adversaire Laurent Fignon de huit secondes lors d'un fantastique contre-la-montre sur les Champs-Élysées ! Il s'impose derechef l'année suivante. En 1991, l'Espagnol Miguel Indurain a la joie d'endosser le maillot jaune pour la première fois. Ce ne sera pas la dernière : en 1992, il gagne à nouveau et accomplit l'exploit de maintenir une moyenne de 52,349 km/h pendant l'étape Tours-Blois. Il s'inscrit dans l'histoire du Tour comme le premier Espagnol ayant accompli un doublé et, poursuivant sur sa lancée, offre cinq victoires consécutives à son pays. Le Danois Bjarne Riis lui succède en remportant la compétition en 1996.

Ci-dessus : l'arrivée du Tour de France à Paris, en 1991. Ci-contre : l'Américain Greg LeMond en 1989, sur le Tour qu'il s'apprête à remporter pour la deuxième fois.

Le cyclisme

L'Espagnol Miguel Indurain lors de la 13e étape du Tour de France de 1994. Quelques jours plus tard, il sera sacré vainqueur pour la quatrième fois consécutive.

Le tennis

Ci-dessus : l'équipe de France après sa victoire en Coupe Davis contre les USA, le 1er décembre 1991. Dessous : Andre Agassi (à droite) et Pete Sampras en quart de finale de Roland-Garros, en 1992.

Huit ans après son sacre à Roland-Garros, Yannick Noah emmène l'équipe de France à la victoire lors de la Coupe Davis 1991.

Le Suédois Mats Wilander, toujours fair-play sur les courts, domine le tennis mondial. Entre 1982 et 1988, il remporte sept titres du grand chelem dont trois à Roland-Garros. Mais de nouveaux champions font leur apparition : le Français Yannick Noah, considéré comme un véritable héros national, et le Tchécoslovaque Ivan Lendl, vainqueur de huit titres du grand chelem. Prenant la relève, l'Allemand Boris Becker se montre rapidement presque imbattable. Son exceptionnelle puissance de frappe lui vaut l'amusant surnom de « Boum-Boum ». Sa compatriote Steffi Graf commence à s'imposer face à ses adversaires alors qu'elle n'est âgée que de 14 ans. Elle dominera le tennis féminin pendant quinze ans. Lors de la coupe Davis de 1991, les Américains André Agassi et Pete Sampras se retrouvent en finale face à Henri Leconte et Guy Forget. Les champions hexagonaux remportent la victoire, la première pour la France depuis 1933.

En 1993, lors du tournoi de Hambourg, la Yougoslave Monica Seles est poignardée dans le dos par un fan de Steffi Graf. Gravement touchée, elle aura le courage deux ans plus tard de revenir sur les cours.

LE TENNIS ET LE BASKET

Le basket

Ci-contre : Larry Bird, des Boston Celtics, lors des finales NBA de 1986. Ci-dessous : Michael Jordan face à un joueur canadien, lors des JO de 1984.

Lors des JO de Barcelone, en 1992, l'équipe nationale de basket-ball américaine, la « Dream Team », gagne tous ses matchs et s'octroie sans grande difficulté le titre de champion olympique.

L'époustouflante prestation de la « Dream Team » lors des JO de Barcelone achève de donner au basket-ball ses lettres de noblesse auprès des jeunes Français.

Au cours des années 1980, le public européen – et en particulier les adolescents – se passionne pour l'un des sports les plus prisés outre-Atlantique : le basket. Des équipes françaises comme le CSP de Limoges commencent à se distinguer et les Harlem Globe Trotters font salle comble lors de leurs matchs d'exhibition. L'émergence d'immenses champions va achever de populariser ce sport : en 1992, lors des jeux Olympiques de Barcelone, les téléspectateurs découvrent l'équipe professionnelle américaine avec, entre autres, Michael Jordan, Earvin « Magic » Johnson et Larry Bird. Cette « Dream Team » soulève l'enthousiasme. Désormais, les chambres d'adolescents se couvrent de posters des Lakers de Los Angeles, des Celtics de Boston, des Bulls de Chicago ou des Rockets de Houston. Des clubs de basket amateurs fleurissent dans tout l'Hexagone. La Dream Team II puis la Dream Team III succèdent à la version originale : autant d'équipes mythiques qui dominent toutes les compétitions mondiales.

Le 1er mai 1995, Brahim Bouarram se noie dans la Seine où l'ont jeté des militants d'extrême droite. Ce crime raciste indigne l'opinion publique et des marches sont organisées partout en France, auxquelles participent de nombreux jeunes.

En 1994, la loi instituant le contrat d'insertion professionnelle (CIP) provoque la colère des lycéens et des étudiants qui descendent massivement dans la rue pour demander son retrait. Ce sera chose faite le 30 mars de la même année.

PREMIERS ÉLANS, PREMIÈRES RÉVOLTES, PREMIERS ÉMOIS

Conscients des dangers du nucléaire, les jeunes se mobilisent au côté des écologistes pour demander l'arrêt des essais nucléaires français dans le Pacifique après que Jacques Chirac a mis fin, en 1995, au moratoire décidé par son prédécesseur.

Au début des années 1990, les amateurs de musique électronique importent en France le concept de Free party, né en Angleterre au cours de la décennie précédente. La police fait la chasse à ces fêtes libertaires dont les images, abondamment relayées par les médias, effrayent les parents.

Dans les années 1990, Pamela Anderson devient synonyme de blonde à forte poitrine. Mais il n'y a que les filles qui en parlent avec sarcasme… Les garçons sont bien trop occupés à loucher sur la télé.

Quand elle apparaît sur les podiums, au début des années 1990, Kate Moss renvoie ses collègues top-models au vestiaire. Tombés sous le charme de son allure cool et légèrement déglinguée, les ados élèvent immédiatement « la brindille » au rang d'idole.

Quand l'industrie du porno décerne ses Oscars, les Hots d'Or, les jeunes cinéphiles exercent leurs talents de critiques en visionnant tous les films en compétition.

En 1994, le cœur des ados s'emballe pour l'improbable histoire d'amour entre Charles (Hugh Grant), le tombeur un peu distrait, et Carrie (Andie MacDowell), la belle journaliste de mode américaine.

Les ados qui pensaient que le twist était une danse tellement peu sexy qu'elle était réservée aux parents changent d'avis en voyant Uma Thurman en donner sa propre interprétation dans Pulp Fiction. « Hey ! What did you expect ? »

LA MUSIQUE DES ENFANTS

Mesdames les ambassadrices

Dans les années 1980, Dorothée puis Douchka et la jeune Anne se succèdent au poste d'ambassadrice de Disney dans l'Hexagone.

matrice vedette d'une trentaine d'heures de programmes hebdomadaires sur TF1, Dorothée enchaîne les chansons et les succès : « Qu'il est bête », « Allô allô Monsieur l'ordinateur », « Maman », « Docteur »... En 1987, les ventes cumulées de ses disques dépassent le cap des 10 millions ! La même année, la star des tout-petits fait salle comble au Zénith de Paris. En 1990, elle réunit plus de 200 000 spectateurs lors d'une tournée dans 42 villes françaises, et atteint des sommets en chantant dix soirs d'affilée dans la capitale, parvenant à accueillir plus de 170 000 fans à Bercy ! Conscient depuis longtemps du potentiel commercial des disques pour enfants, Disney signe un contrat de dix ans avec la jeune Douchka Esposito, fille des comédiens Gianni Esposito et Pascale Petit. Reine des 45 tours, l'ambassadrice dans l'Hexagone des célèbres studios de Burbank multiplie les hits : « La Chanson de Zorro », « Je chante parce que je t'aime », « Taram et le chaudron magique », « Les Gummi »... ou « Les Wuzzles ». L'enregistrement en 33 ou en 45 tours des « Classiques de Walt Disney », au moment de leur ressortie en salles, a fait les belles heures des disques du Petit Ménestrel. Douchka se plie à cette tradition solidement ancrée et offre une seconde jeunesse au *Livre de la jungle*, aux *Aristochats* ou à *Bernard et Bianca*... Mais à l'approche de ses 18 ans, la jeune chanteuse est lasse. Après sept ans de bons et loyaux services, elle rompt son contrat. Anne Meson-Poliakoff lui succède : un single – « Oliver » – et un album lancent aussitôt sa carrière.

À partir de 1990, la jeune Anne anime l'émission Disney Parade, sur TF1, au côté de Jean-Pierre Foucault.

DES BÊTISES…
Depuis qu'elle s'est faite plaquer, Sabine Paturel fait rien que des bêtises et ça, forcément, ça plaît aux enfants…

French Touch

Le rap s'exporte avec succès dans l'Hexagone et de nombreux jeunes s'emparent de sa puissance expressive pour traduire leur colère.

Improbable phénomène musical, les « boys band » gagnent le cœur des adolescentes. Sur les traces des Américains de New Kids on the Block, les Britanniques de Take That – dont un certain Robbie Williams – s'imposent à leur tour au sommet des hit-parades. En 1996, les 2Be3 ouvrent la voie aux Français. Leur premier single, « Partir un jour », s'écoule à plus de 800 000 exemplaires. G-Squad ou Alliage leur emboîtent le pas. En 1994, les Spice Girl débarquent : le « girls band » vendra 75 millions de disques en cinq ans ! En France, une chanteuse surfe à sa façon sur la tendance « girl power ». En 1995, après avoir animé des émissions musicales sur M6, Ophélie Winter vend 500 000 exemplaires de « Dieu m'a donné la foi ». Dans le même temps, Suprême NTM, IAM, Assassin, Ministère A.M.E.R. ou MC Solaar font de l'Hexagone le second meilleur marché

En 1992, Madonna est de retour sur le devant de la scène dans un personnage de dominatrice SM. Le clip d'« Erotica », le premier titre extrait de l'album du même nom, est censuré dans de nombreux pays.

LA MUSIQUE DES ADOS

au monde – après l'Amérique du Nord – pour les groupes de rap. Le suicide de Kurt Cobain, le 5 avril 1994, et la sortie de l'album *Unplugged in New York* quelques mois plus tard révèlent le grunge à une partie de la jeunesse : une forme de punk rock, aux riffs lourds et aux lyrics rageurs. Venus des États-Unis – Sonic Youth, Pixies, The Red Hot Chili Peppers, R.E.M., Rage Against the Machine, Beck, The Offspring, Hole, The Smashing Pumpkins, Garbage – et de Grande-Bretagne – Oasis, Blur, Radiohead, The Cranberries, P.J. Harvey, The Verve –, de nouveaux groupes s'emparent de la scène rock, à l'heure où la techno et la trip hop anglaise – Massive Attack, Tricky, Portishead – ensorcèlent de nombreux ados.

NOIR DÉSIR
En 1993, tous les ados hurlent « Tostaky » avec Bertrand Cantat et propulsent Noir Désir au rang de chef de file du rock français.

LA PRESSE POUR ENFANTS

TRIOLO

Lancé en 1981, *Triolo* propose aux jeunes lecteurs un cocktail de bandes dessinées, de documentaires, d'articles sur l'actualité culturelle et de pages sur la religion.

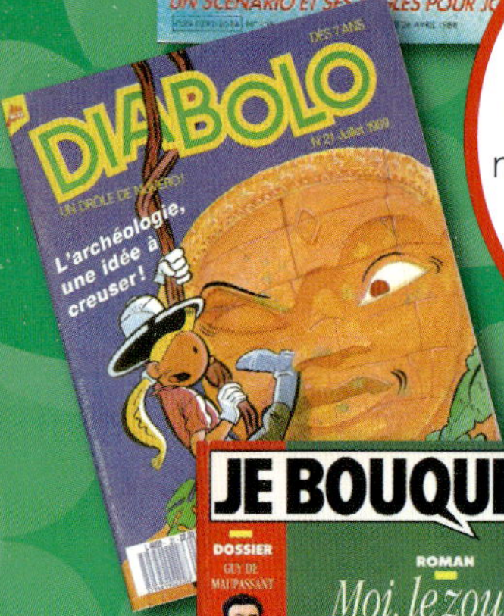

Cap sur l'éducatif

S'instruire en s'amusant : c'est sur cette promesse faite aux lecteurs (et à leurs parents) que la presse éducative connaît un fabuleux essor tout au long des années 1980.

Le Nouveau Pif a pris le relais du mythique *Pif Gadget* de nos aînés, avec désormais une histoire complète de 24 pages en cahier central. Le fameux *Journal de Tintin* change à plusieurs reprises de formule et de nom – *Nouveau Tintin, Tintin reporter, Hello bédé* – dans l'espoir de ne pas disparaître, comme son pendant belge. En 1988, de nouvelles séries font leur apparition dans *Spirou* devenu *Spirou Magaziiiine*, avec quatre i : *Pierre Tombal, Jojo* ou *Les Femmes en blanc*. *Le Journal de Mickey* attire quant à lui une poignée de nouveaux dessinateurs qui signent *L'École Abracadabra, Monster Motel* ou la rubrique jeux des *Déblok*. Trois éditeurs se partagent le marché des journaux dits « éducatifs » : les deux groupes de presse catholique, Bayard et Fleurus, et le Toulousain Milan. Chez Bayard, Okapi continue de publier un dossier dans chaque numéro, encadré de bandes dessinées comme *La Chouette de classe, Gil et Georges* ou *Tendre Banlieue*. À partir de 1985, *Astrapi* offre à ses lecteurs les histoires des *Copains des tilleuls* ou *Touffu*. Bayard lance *Je Bouquine* pour inciter les préados à lire des livres autant que de la BD. Après avoir créé *Mag'jeune*, les éditions Fleurus transforment le légendaire *Fripounet* en *Info Junior*, lancent *Turbule* et tentent de rester dans le coup avec *Triolo* qui, dès 1984, parle de culture hip-hop et de multiculturalisme. Quant à l'éditeur Milan, il propose aux enfants de changer de magazine tous les deux ans ! Un moyen sûr d'avoir des lectures parfaitement adaptées à chaque âge. Naissent ainsi *Toboggan, Mikado, Toupie* et *Diabolo*.

Jusqu'à l'arrêt de sa publication, en novembre 1993, le journal Pif propose un gadget en cadeau à ses jeunes lecteurs.

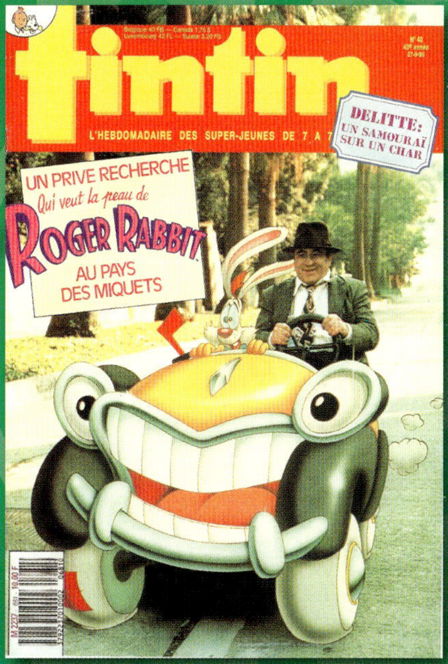

Le triomphe du manga

Akira a ouvert la voie. Dans les années 1990, tous les héros de mangas lui emboîtent le pas et déferlent dans les librairies de l'Hexagone.

De génération en génération, Astérix et Lucky Luke continuent de donner rendez-vous aux amoureux du petit Gaulois et de « L'homme qui tire plus vite que son ombre »… Même si, dans de nombreuses familles, il est plus fréquent de voir les aînés que les enfants se passionner pour *La Rose et le Glaive, La Galère d'Obélix, L'Amnésie des Dalton, Chasse aux fantômes, Les Dalton à la noce, Le Pont sur le Mississipi*… La publication de *Lucien, le retour* et de *Ricky chez les Ricains* ravit les innombrables fans de Lucien et Ricky, les deux héros rockers à banane gominée de Frank Margerin. Il en va de même pour les dernières *Aventures extraordinaires d'Adèle Blanc-Sec,* de Jacques Tardi : *Tous des monstres !* et *Le Mystère des profondeurs.* Mais incontestablement, le phénomène éditorial en matière de BD pour les jeunes lecteurs s'avère être le succès du manga, parallèlement à la

consommation de son pendant télévisuel. La voie est ouverte par les aventures d'*Akira* de Katsuhiro Otomo, à partir de 1990, et celle de *Dragon Ball* d'Akira Toriyama, à partir de 1993, toutes deux publiées par les éditions Glénat. L'année 1996 marque véritablement l'explosion de l'édition de manga dans l'Hexagone. De deux séries éditées en 1994, ce sont plus d'une quarantaine de séries différentes – pour 105 albums – que lancent cette année-là les maisons Tonkam (*Amer Béton* de Taiyo Matsumoto), Glénat (*Ghost in the Shell* de Masamune Shirow, *Bastard ! !* de Kazushi Hagiwara, *Astroboy*, *Le Roi Léo* et *Blackjack* d'Osamu Tezuka) et J'ai lu (*Nicky Larson* de Tsukasa Hojo, *Fly* de Koji Inada, Riku Sanjo et Yuji Horii).

TARDI… BIS

En 1994, avec *Tous des Monstres !*, Tardi offre une suite aux Aventures Extraordinaires d'Adèle Blanc-Sec, près de dix ans après la publication du précédent album, *Le Noyé à Deux Têtes*.

LES LIVRES POUR ENFANTS

Sortie littéraire

Les jeunes lecteurs aussi ont leur Salon du Livre ! Pour rencontrer des écrivains et découvrir leurs dernières publications, une seule adresse : Montreuil !

Le directeur a réuni sous le préau les deux classes des « grands » : les CM1 de Monsieur Armand et les CM2 de Mademoiselle Lebel. L'air solennel, il leur a déclaré : « Mes enfants, nous avons pensé que vous étiez assez raisonnables pour que vos instituteurs vous emmènent demain au Salon du Livre de Montreuil. Nous comptons sur vous pour ne pas faire les imbéciles dans le métro. » Sous une pluie automnale, les élèves piaffent d'excitation devant l'entrée du salon. Une fois à l'intérieur, ils observent, fascinés, les stands sur lesquels des écrivains sont assis derrière des piles de livres. Un panneau indique le nom des maisons d'édition présentes. Julien en égrène la liste à voix haute : « Milan, Grasset, Bayard, Casterman, Hachette… » Après avoir rassemblé ses troupes, Monsieur Armand se dirige vers l'emplacement de L'École des loisirs. Kevin se tord de rire en lisant les titres des livres : *Pétronille et ses 120 petits*, *Cucul la Praline*, *Tonton Couscous*, *Le Chien bleu*. Julie se précipite sur le stand d'Hachette : elle a repéré des tourniquets avec les nouveaux livres de la Bibliothèque rose, ceux qui ont une couverture souple. Une grande affiche annonce les nouveautés : *Rox et Rouky* et *La Belle et le Clochard* de Walt Disney ! Un peu plus loin, l'équipe de Gallimard accueille les petits lecteurs. Gaétan s'empare d'un livre au titre intrigant : *Sans Atout et le cheval fantôme*. « Ah ! c'est un ouvrage de Boileau-Narcejac, commente Monsieur Armand. Je te le recommande, tu pourras l'emprunter à la bibliothèque. »

Madame Pétronille est déterminée à sauver ses 120 petits, et rien ne pourra l'arrêter. Le monstre Sagoinfre, qui s'apprête à les croquer, ne sait pas ce qui l'attend…

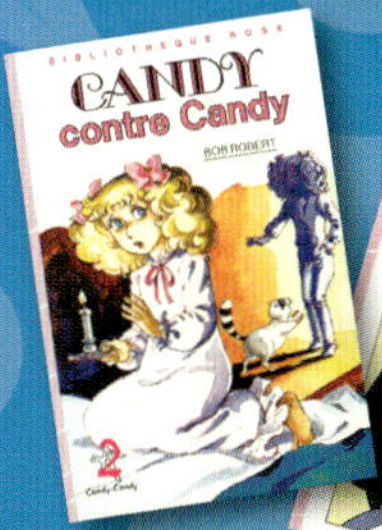

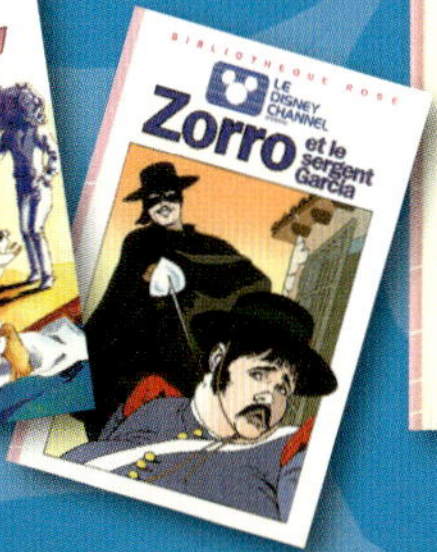

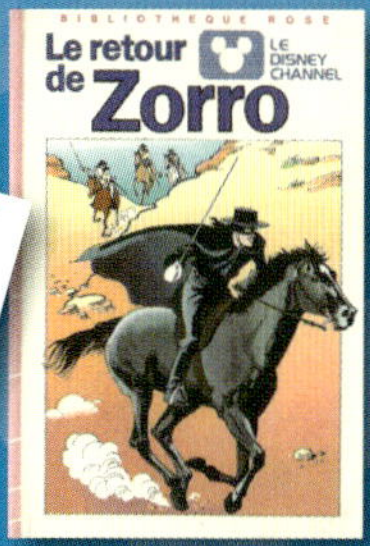

NADJA
Chien bleu, une histoire d'amitié entre une petite fille et un chien pas comme les autres.

La lecture résiste

Si les jeux vidéo ont depuis longtemps supplanté la lecture au rang des loisirs préférés des ados, les romans de science-fiction et d'épouvante continuent de satisfaire leur curiosité.

Qu'elle est jolie, Mademoiselle Julie, la bibliothécaire du lycée ! Prétextant un exposé sur l'œuvre d'Honoré de Balzac, Anthony passe des heures à discuter avec elle des romans de *La Comédie humaine,* affirmant qu'il les a tous lus. « Les quatre-vingt-quinze ? » interroge mademoiselle Julie, une lueur ironique dans le regard. Anthony se trouble, bafouille, mais reprend de l'assurance et se met à pérorer en comparant Eugène de Rastignac à Julien Sorel. Romain l'interrompt en demandant à la bibliothécaire ce qu'elle pense du *Testament français,* d'Andreï Makine. « Savez-vous qu'il a été triplement primé ? s'enthousiasme son interlocutrice. — Évidemment, affirme Romain. D'ailleurs, moi qui suis d'origine russe… » Sa sœur Marine, qui a discrètement suivi l'échange, éclate de rire : « Ah ! bon, depuis quand ? La semaine dernière, tu te disais américain… D'ailleurs, rien d'étonnant pour un fan de Chick Bill et d'Hubert Bonisseur de La Bath ! » Mortifié, le garçon préfère

Messages de l'au-delà,* un roman d'horreur de l'écrivain thaïlandais S. P. Somtow, par ailleurs auteur de la trilogie de *Timmy Valentine.

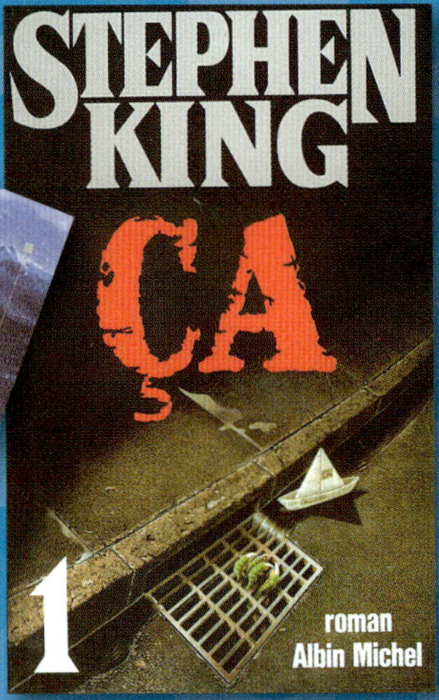

LES LIVRES POUR ADOS

La vie forcément glamour des top-models fascine les jeunes filles qui se ruent sur les Souvenirs et confidences de Claudia Schiffer, alors âgée de… 24 ans.

quitter les lieux. Il rejoint David dans le couloir, qui brandit un livre de Stefan Wul, *Odyssée sous contrôle* : « Regardez, les mecs : ça, c'est formidable. » Cédric est sceptique : « Mon père lisait déjà cet auteur dans les années 1970. Moi, je préfère un bon Stephen King. » Marine, qui s'est jointe au groupe, affirme que rien ne vaut Mary Higgins Clark. Mais son frère ne lui a pas pardonné son humiliation. « Tu as eu le temps de lire autre chose que *Souvenirs et confidences* de Claudia Schiffer et la biographie de Naomi Campbell que tu viens d'acheter ? » lui lance-t-il, perfide.

LE CINÉMA ET LES ENFANTS

La machine à rêves s'emballe !

Dans les années 1980, pour contrer une concurrence de plus en plus pressante, les studios Disney tournent à plein régime…

Nostalgiques d'un « âge d'or » de Disney, Don Bluth, Gary Goldman et John Pomeroy décident de quitter les célèbres studios de Burbank pour se lancer dans une aventure concurrente. En découvrant *Brisby et le secret de Nimh,* leur première réalisation, le cinéaste et producteur Steven Spielberg fait part au trio de l'un de ses projets. *Fievel et le Nouveau Monde,* le fruit de cette collaboration, raconte l'histoire d'une famille de souris émigrant aux États-Unis pour fuir la menace des chats dans la Russie de 1885 : une allégorie transparente sur le « rêve américain » de milliers de victimes des pogroms à la fin du XIXe siècle… La réaction des Studios Disney ne se fait pas attendre, et le rythme de production s'accélère. Sombre et déroutant, *Taram et le chaudron magique* déconcerte le jeune public. *Basil, détective privé* s'inspire pour sa part du personnage de Sherlock Holmes : Watson devient Dawson et Basil vit chez le célèbre héros de Conan Doyle. Ces nouveautés se doublent de la ressortie ciblée des « Grands Classiques de Walt Disney », aussitôt disponibles en vidéocassettes. En 1988, *Qui veut la peau de Roger Rabbit ?* mêle acteurs réels et héros dessinés, rendant un fabuleux hommage à l'univers des cartoons. Disney ne tarde d'ailleurs pas à retrouver sa suprématie. Le célèbre Oliver Twist de Charles Dickens se transforme en chat pour les besoins d'*Oliver et Compagnie*. L'année suivante, c'est au tour de *La Petite Sirène,* libre adaptation du conte de Hans Christian Andersen, d'enchanter le monde, à l'heure où le manga *Akira,* de Katsuhiro Otomo, s'invite sur grand écran…

AKIRA

En 1988, le Japonais Katsuhiro Otomo réalise lui-même l'adaptation cinématographique de son célèbre manga, *Akira*.

La pulpeuse Jessica Rabbit ferait-elle des infidélités à son lapin de mari ? Celui-ci a-t-il voulu se venger en assassinant le producteur Marvin Acme ? Mystère…

Ils sont parmi nous !

Le danger vient d'ailleurs ! Débarrassé de l'ennemi soviétique, Hollywood se tourne à nouveau vers l'espace pour donner du grain à moudre à ses super-héros.

Sylvester Stallone, celui qui fascinait nos aînés sous les traits de Rocky ou de Rambo, continue d'enchaîner les aventures – *Cliffhanger, Demolition Man, Judge Dredd, Cop Land* –, mais sans grands éclats… Son challenger depuis toujours, Arnold Schwarzenegger, retrouve pour sa part le sommet du box-office avec *Total Recall* et *Terminator 2*. Ce qui ne l'empêche pas de se moquer de sa propre image dans une série de comédies comme *Jumeaux, Un flic à la maternelle* ou *Junior*. La trilogie du détective John McClane – *Piège de cristal, 58 minutes pour vivre* et *Une journée en enfer* – impose Bruce Willis auprès des amateurs de films d'action tandis qu'un jeune karatéka belge nommé Jean-Claude Van Damme accomplit son rêve américain en tournant *Double Impact, Universal Soldier* ou *Chasse à l'homme*. Le goût pour l'aventure « virile » se double d'un puissant renouveau du cinéma fantastique et de science-fiction.

Batman, Catwoman et le Pingouin : trois personnages vêtus de noir mais hauts en couleur, mis en scène par le fantastique Tim Burton.

LE CINÉMA ET LES ADOS

LAST ACTION HERO

Une parodie de film d'action montre Arnold Schwarzenegger dans un irrésistible numéro d'autodérision.

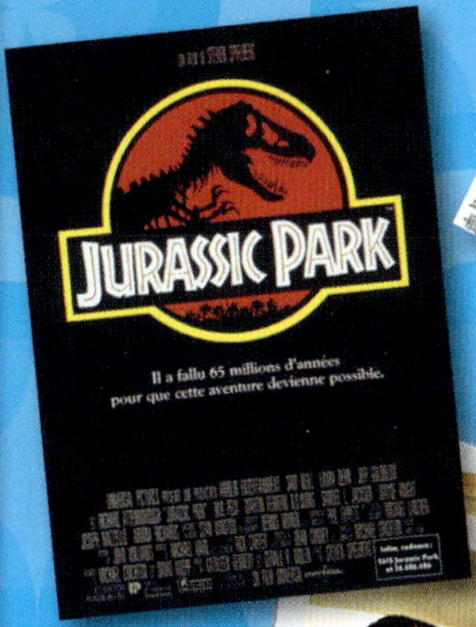

La Menace fantôme, le quatrième opus de la saga *Star Wars* de George Lucas, narre en fait le premier chapitre de la série. Tandis que savants fous – *Jurassic Park* – et invasions extra-terrestres – *Independance Day, Mars Attacks !* – font leur retour sur grand écran, les aficionados de comics se ruent pour retrouver leurs super-héros « en chair et en os » dans *Batman le défi, Batman Forever, Batman & Robin* ou encore *Spawn*. De son côté, le jeune cinéaste américain Quentin Tarentino convoque Bruce Willis, Harvey Keitel, Samuel L. Jackson et un revenant, John Travolta, pour *Pulp Fiction*, un hommage allumé au film noir des années 1950.

LA TÉLÉ ET LES ENFANTS

Saveurs japonaises

Dans les années 1980, les programmes japonais – animation ou séries télévisées – continuent d'asseoir leur emprise sur les programmes pour la jeunesse.

C'est une habitude bien ancrée : chaque mercredi après-midi, nous retrouvons *Récré A2*, avec Dorothée, son animatrice-vedette, et ses désopilants complices : Ariane, Jacky, Patrick Simpson-Jones, Corbier, Cabu… En 1985, la deuxième chaîne nous donne un second rendez-vous : *Récré A2 matin*. L'émission alterne des programmes achetés à l'étranger (*Tom Sawyer, Les Maîtres de l'Univers, Judo Boy, Cobra* ou *Lady Oscar*) et des productions originales, comme *Les Mystérieuses Cités d'or*. On se passionne aussi pour les feuilletons japonais de *metal hero*, comme *Sharivan*. FR3 investit pour sa part dans les productions françaises d'Albert Barillé, qui permettent de s'instruire en s'amusant : *Il était une fois… l'homme, Il était une fois… l'espace* et *Il était une fois… la vie*. Allié aux Japonais, le créateur français Jean Chalopin signe deux séries cultes : *Ulysse 31* et *L'Inspecteur Gadget*. La Cinq, une nouvelle chaîne, diffuse des mangas : *Princesse Sarah, Olive et Tom, Gwendoline*… En 1987, Dorothée quitte Antenne 2 pour TF1 où elle crée le *Club Dorothée* avec l'ensemble de ses comparses. L'émission atteint des scores d'audience historiques, avec une moyenne de 60 % de parts de marché. Que d'heures à savourer les nouvelles séries de mangas – *Dragon Ball, Nicky Larson, Les Chevaliers du Zodiaque, Georgie, Le Collège fou, fou, fou !* Que de bonheur aussi à vibrer aux exploits des héros de *sentai* – *Bioman* – et de *metal hero* – *Capitaine Sheider, Jaspion, Spielvan, Giraya !*

BISOUNOURS

Quand ils apparaissent en 1985 dans l'émission « Salut les petits loups », les Bisounours provoquent un irrésistible élan de tendresse chez les jeunes téléspectateurs…

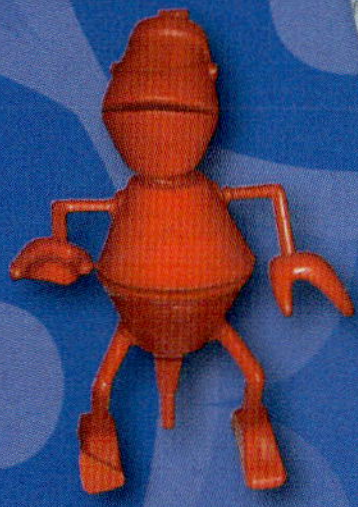

Les sentai, ces séries télévisées japonaises mettant en scène un groupe de héros en costumes de couleur, débarquent en France avec Bioman, en 1985…

Sitcoms à la française...

Dans les années 1990, la maison de production AB enchaîne les succès d'audience avec des sitcoms mettant en scène des groupes d'adolescents beaux et bien coiffés.

AB Productions produit déjà le *Club Dorothée,* qui assure à TF1 des audiences spectaculaires, lorsque la direction de la chaîne commande à Jean-Luc Azoulay et Claude Berda une série capable de booster l'audience de l'*access prime time. Premiers Baisers* et son héroïne Justine font leur apparition pendant les vacances de Noël 1991. L'engouement du public est immédiat. Hélène, la sœur de Justine à l'écran, devient à son tour le personnage principal

De gauche à droite : les séries américaines La Vie à cinq, Buffy contre les vampires *et* Sauvés par le gong : *les années lycée.*

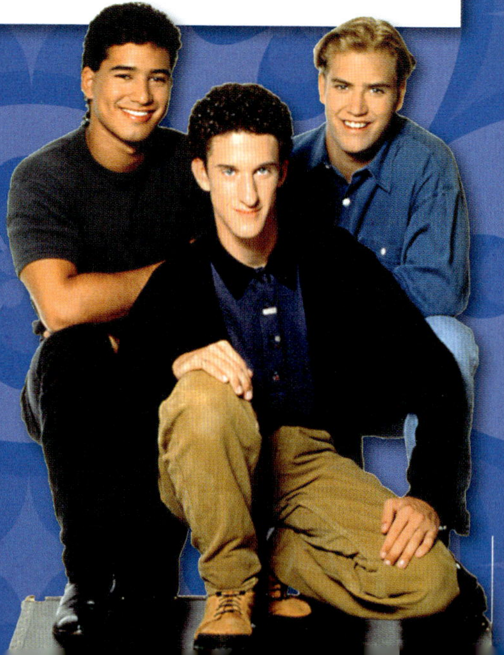

d'une série, dont l'action se déroule cette fois sur les bancs de la fac. Dès son lancement, en mai 1992, *Hélène et les Garçons* assure le succès de TF1 sur cette tranche horaire. Quelques mois plus tard, *Le Miel et les abeilles* met à l'honneur une héroïne un peu plus déjantée, Mallaury Nataf, qui fait quatre millions d'aficionados dès la première semaine ! En 1993, avec *Beverly Hills*, une génération entière s'entiche de Brandon, Brenda, Kelly, Steve, Andrea, Donna ou David. D'autres séries surfent bientôt sur la même vague : *La Vie à cinq* sur M6, *Hartley, cœurs à vif* sur TF1 ou *Seconde B* sur France 2, qui met en scène les problèmes rencontrés par des lycéens de banlieue. Soucieux de ne pas lasser son public, AB Productions fait évoluer séries et personnages : *Hélène et les Garçons* connaissent *Le Miracle de l'amour* et les héros de *Premiers Baisers* entrent dans *Les Années fac*. À la rentrée 1995, *La Philo selon Philippe* nous entraîne dans une classe de terminale où les élèves n'ont d'yeux que pour leur prof de philo… Le chant du cygne d'un certain « âge d'or ».

TWIN PEAKS

En 1991, un OVNI débarque sur La Cinq : *Mystères à Twin Peaks*, une série inclassable et fascinante, créée par Mark Frost et David Lynch.

LA RADIO

Ci-dessus : Doc et Difool, les animateurs de l'émission de libre-antenne Lovin' Fun, sur Fun Radio. Ci-dessous : Marc Scalia (au premier plan), l'animateur de Star Match, l'une des plus célèbres émissions des débuts de NRJ.

Je parle à la radio

Le succès des émissions de « libre antenne » comme Lovin'fun ou Bonsoir la planète est l'un des phénomènes marquants du paysage radiophonique au début des années 1990.

Nous avons grandi avec les « radios libres » sans même nous en rendre compte ! Nous étions d'ailleurs certains que nos aînés avaient eu, comme nous, l'embarras du choix en matière de fréquences et donc d'offres musicales. NRJ s'impose rapidement comme la première d'entre elles en termes d'audience et d'adhésion auprès des jeunes. C'est l'époque de Marc Scalia, de Mitsou, de Dominique Duforest – dit Dodo –, de Serge Repp, de Cooky (Cyrille Laporte) et du futur chanteur Phil Barney. NRJ est aussi l'une des premières radios à se constituer un réseau de stations franchisées en province. De la dissidence de six de ces radios locales naît le réseau Fun en 1985. Mais c'en est déjà fini des programmations concoctées en région et des animateurs du cru : le satellite entraîne des émissions diffusées nationalement. Fort de quatre-vingt-dix-sept stations affiliées ou franchisées, Fun Radio débauche Arthur, jusque-là au micro de Skyrock, pour lui confier ses matinales. Succès immédiat mais, un an plus tard, Arthur quitte Fun pour Europe 1 ! Un animateur légèrement déjanté, un médecin et des ados qui téléphonent pour évoquer leurs problèmes : Difool (David Massard) et le Doc (Christian Spitz) déclinent un concept né aux États-Unis et « Lovin'Fun » devient vite un rendez-vous incontournable. En réaction à ce phénomène dit de la « libre antenne », Skyrock recrute l'ex-star du porno Tabatha Cash (Céline Barbe), mais l'échec est cuisant. En 1994, Maurice lance « Maurice Skyrock 22 h » avant de prolonger l'aventure, deux ans plus tard, à travers une syndication de son programme…

TOPFUN

FUN radio La meilleure radio

SEMAINE N° 48 du 2/12/89

		TITRES	ARTISTES
◄►	01	IF YOU DON'T KNOW BY NOW	SIMPLY RED
▲	02	CROSSROADS	TRACY CHAPMAN
▲	03	THIS ONE	PAUL Mc CARTNEY
▼	04	SOWING THE SEEDS OF LOVE	TEARS FOR FEARS
▼	05	LICENSE TO KILL	GLADYS KNIGHT
▲	06	GOOD THING	FINE YOUNG CANNIBALS
▲	07	ROCH VOISINE	HELENE
▲	08	MEGAMIX	EARTH WIND & FIRE
▲	09	RIDE ON TIME	BLACK BOX
◄►	10	MEGARAMA'89	BANANARAMA
▼	11	THE BEST	TINA TURNER
▲	12	BLAME IT ON THE BOOGIE	BIG FUN
▼	13	KEEP ON MOVIN'	SOUL II SOUL
▼	14	HEALING HANDS	ELTON JOHN
▲	15	ANOTHER DAY IN PARADISE	PHIL COLLINS
▲	16	SEALED WITH A KISS	JASON DONOVAN
▲	17	EVERYDAY KNOW	TEXAS
▼	18	QUAND JIMMY DIT	PATRICIA KASS
▲	19	CASSER LA VOIX	PATRICK BRUEL
▲	20	SONG FOR WHOEVER	THE BEAUTIFUL SOUTH

Réveillez-vous avec votre titre préféré ou l'animateur de votre choix, la météo ou l'horoscope. Composez le 3617 FUN 2, laissez votre n° de téléphone, la date et l'heure de votre réveil.

36.17 FUN2

Childéric Muller, l'animateur de La voix du lézard, l'émission culte des débuts de Skyrock.

À la fin des années 1980, Fun Radio veut se positionner en découvreur de talents et se proclame modestement « La meilleure radio ».

LES SOURCES

Toutes les photographies et illustrations non créditées et non mentionnées ci-dessous proviennent de la collection privée de La Bande du Drugstore.

Sources des illustrations :

P. 12 : escabeau, p 69 in Femme actuelle n°318 du 29 oct. au 4 nov. 1990 / P. 13 : penderie et linge de lit in Catalogue 3 Suisses Automne-Hiver 86-87 / Chambre d'enfant, lampe, bureau, coffre à jouets, cheval à bascule et armoire, pp. 68-69 in Femme actuelle n°318 du 29 oct. au 4 nov. 1990 / P. 14-15 : visuel pochette CD, Spice Girls, Eastwest / Radio-cassette, p 54 in Le Guide Figaro n°14001 du 1er septembre 1989 / Linge de lit « Football » et chaise à roulettes, Catalogue Camif Hiver 89-90 / Mobilier et accessoires chambre junior, pp. 70-71 in Femme actuelle n°318 du 29 oct. au 4 nov. 1990 / Coffret PC Gold Hits, p 666 in Catalogue Camif Hiver 89-90 / P. 16 : Vive les vacances !, Cahier de vacances des Schtroumpfs, s.n., éditions Labor 1990 / P. 17 : fillette au cartable et dictionnaires Larousse in Le Guide figaro n°14001 du 1er septembre 1989 / Publicité 3M, p 21 in Pif n°1043 de mars 1989 / P. 18 : calculatrice, p 690 in Catalogue Camif Hiver 89-90 / Bescherelle, La grammaire, éditions Hatier 1990 / Sacoche, p 10 in Le Guide figaro n°14001 du 1er septembre 1989 / P. 19 : Brevet 96 corrigés français, s.n. Collectif, Coll. Les sujets Nathan, éditions Nathan, 1995 / Trousse, carnet et stylos Naf Naf, p 379 in Catalogue Quelle Automne-Hiver 92-93 / P. 20 : jeux d'imitation, p 950 in Catalogue 3 Suisses Automne-Hiver 86-87 / P. 21 : photos de Barbie in Barbie, 40 ans de magie, Marco Tosa, éditions Hors Collection 1998 / La famille Douceur, p 949 in Catalogue 3 Suisses Automne-Hiver 86-87 / Autres jouets in catalogue « Noël chez Stoc » 1985 / P. 22 : le Fort Texas Playmobil, p 974 in Catalogue La Redoute Automne-Hiver 82-83 / Publicité Playmobil in Catalogue Playmobil 1988 / Jeux Maîtres de l'Univers, p 939 in Catalogue 3 Suisses Automne-Hiver 86-87 / P. 23 : jeux électroniques, p 961 in Catalogue 3 Suisses Automne-Hiver 86-87 / Coffrets Majorette et Airbus A300 in Catalogue « Noël chez Stoc » 1985 / Autres jeux in Catalogue « Noël chez Stoc » 1985 / P. 24 : coffret jeu Battle Chess et manette de jeu, p 665 in Catalogue Camif Hiver 89-90 / P. 25 : photos in Triolo n° 76, octobre 1984 / P. 26 : photo in catalogue 3 Suisses Laines 1986 / P. 27 : chaussure de sport et botte, p 391 in Catalogue La Redoute Automne-Hiver 82-83 / Publicité Petit Boy, p 13 in Le Guide Figaro n°14001 du 1er septembre 1989 / Garçon sur le toboggan, in catalogue 3 Suisses Laines 1986 / Autres modèles in Catalogue 3 Suisses Automne-Hiver 86-87 / P. 28 : montre, p 14 in Le Guide Figaro n°14001 du 1er septembre 1989 / Sweat-shirt et ensemble jean sweat-shirt in Catalogue Quelle Automne-Hiver 92-93 / P. 29 : blouson, p 384 in Catalogue Quelle Automne-Hiver 92-93 / Modèles Naf Naf, p 377 in Catalogue Quelle Automne-Hiver 92-93 / Couverture magazine Jeune et Jolie, été 1987 / Chaussures Adidas, p 238 in Catalogue Camif Printemps-Eté 91 / P. 34 : couverture Mexico 86, l'album de la coupe du monde, éditions n° 1 / P. 43 : 45t Adès, Mimi Cracra chanté par Amélie, 1986 / 45t Adès, Anne, Oliver, 1989 / 45t Ibach, Karen Cheryl, Les Nouveaux Romantiques / 45t AB Productions, Mon petit Poney / 45t Adès, Les Aventures de Malinville, les petits malins, 1987 / P. 44 : visuel pochettes CD, NTM, I AM, Public Enemy, The Breeders et Sonic Youth / P. 45 : visuels pochettes CD, Backstreet Boys, G Squad, New Kids On The Block, Massive Attack, Daft Punk, The Cranberries, Björk, Noir Désir et PJ Harvey / P. 46 : Triolo n°159, du 6 au 26 avril 1988 / Diabolo n°21, Juillet 1989 / Je bouquine, Juin 1991 / Okapi n°244, du 15 au 31 janvier 1982 / P. 47 : Les belles histoires de Pomme d'Api n°157 Octobre 1985 / Tintin n°40 du 27/09/1988 / Spirou n°2551 du 03/03/1987 / Pomme d'api n°260 d'octobre 1987 / Pif n°1043 de mars 1989 / Mickey Parade n°77, 1986 / Donald Magazine n°27, 11 juillet 1986 / P. 48 : Ghost In The Shell Vol.1, Masamune Shirow, Glénat 1996 / Dragon Ball Vol.4, Sangoku, Toriyama Akira, Glénat 1993 / Couverture Les Chevaliers du Zodiaque / Couverture Pierre Tombal, Vol. 1 Les 44 premiers trous, Marc Hardy, éditions Dupuis, 1986 et 1987 / Jojo, Vol.2 La Fugue de Jojo, André Geerts, éditions Dupuis, 1989 / P. 49 : Mémoires d'outre-espace, Enki Bilal, éditions Dargaud 1978 et Humanoïdes Associés 1990 / La Partie de chasse, Enki Bilal, Dargaud 1983 / Couvertures série Largo Winch, Vol.2 Le Groupe W, Vol.4 Business Blues, P. Francq et J. Van Hamme, éditions Dupuis 1991 et 1993 / P. 51 : Chien bleu, Nadja, éditions L'école des loisirs 1989 / Le retour de Zorro, Coll. Le Disney Channel, Bibliothèque rose, Hachette 1986 / Toto le magnifique détective, Marjorie Weinman Sharmat, Coll. Bibliothèque rose, Hachette 1989 / Adèle, l'apprentie sorcière, Jean Baylis, Bibliothèque Rose, Hachette 1988 / Les Aventures du fauteuil magique, Enid Blyton, collection Minirose, Hachette 1988 / Zorro et le sergent Garcia, le Disney Chanel, Bibliothèque Rose, Hachette 1986 / Candy contre Candy, Bob Robert, Bibliothèque Rose, Hachette 1985 / P. 52 : Messages de l'au-delà, S. P. Somtow, collection Frissons, Pocket Junior 1994 / P. 53 : Les Aigles blancs de Serbie, Laurence Durrel, Folio Junior, Gallimard, 1998 / Tête de melon, Mary Downing Hann, Collection Médium, L'Ecole des loisirs, 1992 / Aliocha, Henri Troyat, Collection Voyage au temps de ...Castor Poche, Flammarion, 1992 / P. 54 : affichettes Brisby et le secret de Nimh, Don Bluth, 1982 / P. 55 : Fievel et le nouveau monde, Don Bluth, 1986 / Oliver et compagnie, George Scribner, 1989 / P. 59 : 45t Polydor, Tom Sawyer, générique TV, 1980 / 45t Ades A2, Lady Oscar interprété par Marie Dauphin, 1979 / 45t Polydor, Ulysse 31 Le Fauteuil de l'oubli, 1981 / 45t Saban, Inspecteur Gadget, 1986 / 45t Carrere, X-OR, interprété par Jean Pierre Savelli, 1983 / 33t TF1 AB Kids, Bioman 2, interprété par Bernard Minet, 1988 / P. 60 : 45t AB Hit, Pour l'amour d'un garçon, Hélène, 1992 / P. 63 : 45t Carrere, Ce soir tu seras dans mon lit, Géraldine.

Crédits :

P. 6 : Pol Pot © Bettmann/Corbis / L'ayatollah Khomeiny © Rue des Archives/AGIP / Margaret Thatcher © Mary Evans/Rue des Archives / Three Mile Island © Owen Franken/Corbis / Affiche Simone Veil © Rue des Archives/AGIP / P. 7 : Saddam Hussein © Eddie Adams/Corbis / Pierre Goldman © Keystone-France / Paquebot Norway © Pool Norway : départ du Havre/Gamma / Affiche Valéry Giscard d'Estaing © Keystone-France / Jacques Mesrine © Sygma/Corbis / Babrak Karmal © Henri Bureau/Sygma/Corbis / Mère Teresa © Rue des Archives/AGIP / P. 10 : Walkman Sony ©The Granger Collection NYC/Rue des Archives / P. 11 : fusée Ariane © Alain Nogues/Sygma/Corbis / Publicité Absolut © The Advertising Achives/Rue des Archives / P. 13 : affiche Dingo et Donald champions olympiques © Rue des Archives/RDA / P. 14 : adolescent jouant à la guitare © David Turnley/Corbis / P. 24 : démonstration de BMX © Todd Gipstein/Corbis / Console SEGA © Hervé Letourneur/Sygma/Corbis / Scouts de France © Pascal Le Segretain/Corbis Sygma / P. 25 : Game Boy Nintendo © The Advertising Archives/Rue des Archives / Restaurant Quick © Bernard Annebicque/Sygma/Corbis / P. 28 : mode dans les rues de Paris © Alexis Duclos/Gamma / P. 29 : filles avec glaces © Owen Franken/Corbis / P. 32 : panneau Calgary © Gamma / Alberto Tomba © PCN/Corbis / Surya Bonaly © Neal Preston/Corbis / Edgar Grospiron © Dimitri Iundt/TempSport/Corbis / P. 33 : affiche JO Séoul 1988 © Janet Wishnetsky/Corbis / Carl Lewis © Wally McNamee/Corbis / Jeannie Longo © Philip Littleton/AFP / Podium du 100 m papillon © Jean-Yves Ruszniewski/TempSport/Corbis / P. 34 : Toni Schumacher © Werek/dpa/Corbis / Joueurs allemands, 1990 © Werek Natascha Haupt/dpa/Corbis / P. 35 : stade de Furiani © Pascal Parrot/Sygma/Corbis / Cafu © Bernd Weissbrod/dpa/Corbis / P. 36 : Ayrton Senna © Gianni Giansanti /Sygma/Corbis / Alain Prost © Patrick Behar/TempSport/Corbis / P. 37 : arrivée du Tour de France à Paris © Antoine Gyori/Sygma/Corbis / Greg LeMond © Michel Gouverneur/Photonews/Gamma / Miguel Indurain © Jean-Yves Ruszniewski/TempSport/Corbis / P. 38 : Coupe Davis 1991 © Erik Sampers/Gamma / P. Sempras et A. Agassi © Bolcina-Sampers/Gamma / Attaque de Monica Seles © Pool Koepcke/Piel/Gamma / P. 39 : Larry Bird © Steve Lipofsky/Corbis / Michael Jordan, 1984 © Duomo/Corbis / Dream Team, 1992 © Dimitri Iundt/TempSport/Corbis / P. 40 : marche pour Brahim Bouarram © Forestier-Orban/Sygma/Corbis / Manifestation anti-CIP © Bisson-Langevin-Orban/Sygma/Corbis / manifestation antinucléaire © Patrick Durand/Sygma/Corbis / Rave Party © Stéphane/Gamma / P. 41 : Pamela Anderson © Stephen Wayda/Corbis Outline / Publicité Calvin Klein © The Advertising Archives/Rue des Archives / Hot d'Or 1997 © Eric Robert/Sygma/Corbis / Quatre mariages et un enterrement © Rue des Archives/BCA / Pulp Fiction © Rue des Archives/BCA / P. 42 : Douchka © Rue des Archives/AGIP / P. 43 : Anne et J.-P. Foucaut © Sureau/TF1/Sipa / Pochette 45t Dorothée, Tremblement de terre © Rue des Archives/PVDE / Pochette 45t Dorothée, Nicolas et Marjolaine © Rue des Archives/RDA / P. 44 : Madonna, 1992 © Rue des Archives/BCA / P. 55 : Akira © Rue des Archives/BCA / Affiche La Petite Sirène © Rue des Archives/RDA / Qui veut la peau de Roger Rabbit ? © Rue des Archives/BCA / Oliver et compagnie © Rue des Archives/RDA / P. 56 : Terminator 2 © Rue des Archives/RDA / Affiche Terminator 2 © Rue des Archives/RDA / Affiche Universal Soldier © Rue des Archives/RDA / Affiche Piège en haute mer © Rue des Archives/RDA / Affiche Une journée en enfer © Rue des Archives/RDA / Affiche Batman Le défi © Rue des Archives/RDA / P. 57 : affiche Le Silence des agneaux © Rue des Archives/RDA / Affiche Last Action Hero © Rue des Archives/RDA / Affiche Jurassic Park © Rue des Archives/RDA / Jurassic Park © Rue des Archives/BCA / Affiche Mars Attacks © Rue des Archives/RDA / Affiche Pulp Fiction © Rue des Archives/RDA / P. 59 : Les Bisounours © Rue des Archives/PVDE / P. 60 : Le Miracle de l'amour © Saradjian/TF1/Sipa / Premiers baisers © Harot/TF1/Sipa / La vie à cinq © Rue des Archives /BCA / Buffy contre les vampires © Rue des Archives/BCA / Sauvés par le gong © Rue des Archives/BCA / P. 61 : Twin Peaks © Rue des Archives/BCA / X-Files © Rue des Archives/BCA / Image générique X-Files © Rue des Archives/BCA / P. 62 : Doc et Difool © Frédéric Reglain/Gamma / Marc Scalia et Snicky © Pascal Zahner/Gamma / P. 63 : Childéric © Frédéric Reglain/Gamma.